Dr. Osvaldo Jorge Castillo

Morfogénesis del Consejo de Administración

Caso DIA

Castillo, Osvaldo Jorge

Morfogénesis del Consejo de Administración. Caso DIA/ Osvaldo Jorge Castillo. - 1a edición para el profesor - Madrid: Castillo, Osvaldo Jorge, 2018.

26 p.; 22 x 15 cm.

ISBN 9781791991135

1. Administración de Empresas.

© Dr. Osvaldo Jorge Castillo, 2018

Contacto autor: prof.ojc@gmail.com

RTPI Comunidad de Madrid M-008545/2018

Impreso en EE.UU. – *Printed in USA*

Reservados todos los derechos. No se permite la reproducción total o parcial de esta obra, ni su incorporación a un sistema informático, ni su transmisión en cualquier forma o por cualquier medio (electrónico, mecánico, fotocopia, grabación u otros) sin autorización previa y por escrito de los titulares del copyright. La infracción de dichos derechos puede constituir un delito contra la propiedad intelectual.

Índice

Justificación 6
La Representación Ética Del Minoritario En El Consejo 7
Categorías Éticas De Representación 11
Análisis De Las Salidas Del Ibex-35 Por Categorías 15
Conclusiones 23
Bibliografía 25

Capítulo 1

RESUMEN

Los movimientos de adaptación en la micro estructura del consejo de administración[1] son el centro de la morfogénesis -estrategia que todo organismo viviente implementa para mantenerse vivo en el futuro. En la empresa, la morfogénesis responde a complejos sistemas de toma de decisiones que, con información privilegiada, la encamina a la implementación de cursos de acción con probables consecuencias futuras -predecibles razonablemente, como se demostrará en este trabajo, con un alcance de 3 a 12 meses. Se analizará el caso DIA – Distribuidora Internacional de Alimentación, donde, luego de una serie de transformaciones en el seno de su Consejo de Administración, a partir de julio de este año se fueron desencadenando de manera acelerada, una serie de eventos que llevarían su cotización de 2,71 euros por acción a un mínimo de

---

[1] En Latinoamérica "Directorio". Conjunto de individuos elegidos por los accionistas de una empresa para que definan la visión y la misión corporativa, fijen estrategias y supervisen la administración y los objetivos a largo plazo de la empresa. Fuente: Guía Práctica de Gobierno Corporativo del Círculo de Empresas de la Mesa Redonda Latinoamericana, página 262.

0,33 al 11 de diciembre y su salida del selectivo español. En síntesis, la perspectiva del estudio de la morfogénesis de la microestructura del consejo de administración y la ética aplicada, resulta ser un enfoque que va probando su eficacia a medida que se suceden los acontecimientos y se van contrastando las predicciones con la realidad.

JUSTIFICACIÓN

Gran parte de la literatura científica de administración señala la importancia de la estructura del consejo de administración en la anticipación de los problemas de agencia. También las distintas formas en que estos problemas se pueden minimizar, como: incentivos a los administradores, división de las funciones de primer ejecutivo o CEO con las del presidente del consejo de administración, la proporcionalidad de la representación en el consejo del capital flotante y del núcleo duro, etc. Pero ningún artículo o libro profundiza en la morfogénesis o cambios estructurales dinámicos que suceden en el consejo y que anticipan la implementación de estrategias futuras con consecuencias -en muchos casos- de eventos desastrosos, especialmente para los intereses de los accionistas minoritarios.

Capítulo 2

LA REPRESENTACIÓN ÉTICA DEL MINORITARIO EN EL CONSEJO

El Capital flotante es la parte del capital social que se encuentra en manos de los pequeños inversores o accionistas minoritarios. Para frenar -en lo posible-, privilegios e irresponsabilidades por parte de los miembros de los Consejos de Administración que perjudique a estos accionistas, se publicó el 'The Cadbury Report' (Cadbury, 1992) en Reino Unido haciendo con su implementación más rigurosos los aspectos de supervisión financiera de las sociedades.

Con el mismo propósito fundamental de protección a los accionistas minoritarios en los EEUU, la 'Ley Sarbanes-Oxley' (Sarbanes & Oxley, 2002). Por su parte en España, el Código de buen gobierno de las Sociedades Cotizadas de la CNMV (CNMV, 2015) de febrero de 2015, recoge una serie de buenas prácticas de gobierno corporativo, cuya finalidad es que dichas sociedades sean gestionadas de manera adecuada y transparente como factor esencial para la generación de valor en las empresas. Cabe destacar que la utilización de éste Código es de carácter voluntario junto con el principio de "cumplir o explicar", esto quiere decir que, en caso de no cumplir, se debe explicar el motivo, siendo el sistema seguido tanto en los principales países de la Unión Europea como en otros países desarrollados. Dicho Código se constituye así en una excelente referencia de buenas prácticas de gobierno corporativo - que puede ser tenido en cuenta, con las adaptaciones lógicas a la argentina- con miras a futuros cambios en la legislación específica. En el artículo 11 del Código de buen gobierno se establece la composición del consejo de administración, al respecto dice: "El consejo de administración tendrá una composición equilibrada, con una amplia mayoría de consejeros no ejecutivos[2] y una adecuada una adecuada proporción entre consejeros dominicales e independientes, representando estos últimos, con carácter general, al menos la mitad de los consejeros."

Como puede apreciarse la composición del Consejo de Administración es extremadamente importante ya que de ella depende la representación de los distintos intereses al máximo nivel dentro de la sociedad. Es lógico pensar entonces que, en ocasiones ante diversas circunstancias, cambios en la estructura del Consejo – Directorio– estén reflejando cambios de rumbo, política, o intereses

---

[2] El consejero (en Latinoamérica director) "no ejecutivo" es quien tiene la difícil tarea de decidir si la administración está haciendo un buen trabajo y puede representar en el Consejo (en Latinoamérica Directorio) a los intereses de los accionistas minoritario, en dicho caso se lo designa Consejero Independiente (en Latinoamérica Director Principal)

en la empresa que tendrán una repercusión futura en los distintos stakeholders.

a. Empresas con propiedad concentrada

En general las empresas de propiedad concentrada son empresas familiares en donde la construcción, con vista a las generaciones futuras, hace de la empresa su patrimonio principal. Una de las características más destacadas de las empresas familiares es su concentración de la propiedad en donde el accionista que tiene mayoría de las acciones con derecho a voto de la sociedad, puede identificarse claramente. Esta concentración de la propiedad en manos del fundador o accionista principal, quien a su vez ejerce el cargo como administrador único, junto al hecho de poseer un Consejo de Administración dependiente usa para sí el Consejo como órgano de simple ratificación o sello, siendo la causa de la aparición de la práctica conocida como *problema de agencia horizontal* (Roe, 2004, pág. 2). La concentración de los poderes de control difícilmente serán resignados por los propietarios que son miembros de la familia más allá de que cuente o no con un Consejo de Administración (Mace, 1975, pág. 135).

b. Empresas con propiedad dispersa

En las grandes empresas la separación entre propiedad y dirección hace que sea necesario contar en el órgano de administración con un grupo de expertos identificados como ejecutivos y con un Primer Ejecutivo – Director Ejecutivo o CEO–, que centraliza el poder de éstos, de esta separación surgen los probables problemas de agencia. Para Demsetz (Demsetz, 1983, págs. 375-390) la estructura de la propiedad es el reflejo del equilibro entre las preferencias de los inversores, más o menos interesados en la diversificación de sus capitales o en tomar responsabilidades de control, y las preferencias de los directivos más o menos interesados por los consumos en el trabajo, o por una compensación más líquida. Como máximo responsable de la supervisión del equipo directivo, es fundamental la independencia del Consejo de Administración de éste. En estas empresas se diluye el incentivo de control por parte de los dueños (accionistas minoritarios) al Primer Ejecutivo o Presidente quien tiene el control total de las decisiones. Los accionistas, muy dispersos y sin posibilidad de control sobre el Consejo de administración, resignan el poder y control (Mintzberg, 1992, pág. 748). En estas empresas de propiedad dispersa el Primer ejecutivo o Presidente es también quien suele elegir a los miembros del Consejo, en este caso el Consejo, que debería controlar al Primer Ejecutivo se vuelve su aliado ya que le debe fidelidad y apoyo. En consecuencia, improbablemente el Consejo será capaz de señalar los errores o desvíos que el Primer Ejecutivo o Presidente puedan cometer. Esta práctica convierte a los Consejos de Administración en un órgano de simple ratificación o sello. Este comportamiento del Consejo se conoce como *problema de agencia vertical* (Roe, 2004, pág. 2)

Capítulo 3

CATEGORÍAS ÉTICAS DE REPRESENTACIÓN

Las empresas a lo largo de su vida y por diversos motivos modifican la estructura de su propiedad. A fin de evitar los probables problemas de agencia, estos cambios deberían verse reflejados en adaptaciones de la estructura de su Consejo de Administración. Estudiar los movimientos de la resultante entre las variables -estructura de la propiedad y estructura del Consejo- en un período de tiempo, resulta revelador para analizar cómo la capacidad de adaptación a eventuales cambios, garantiza o no el equilibrio dinámico entre dichas variables y con ello, si se evitan o alientan los probables problemas de origen ético. Para conceptualizar el grado de representación del Capital Flotante en el Consejo de Administración, construimos la matriz "Consejo – Propiedad" (Figura 1), la cual nos permite analizar la micro-estructura del consejo y la representación de su capital flotante en dicho Consejo, –lo que daremos en llamar su ética aplicada–.

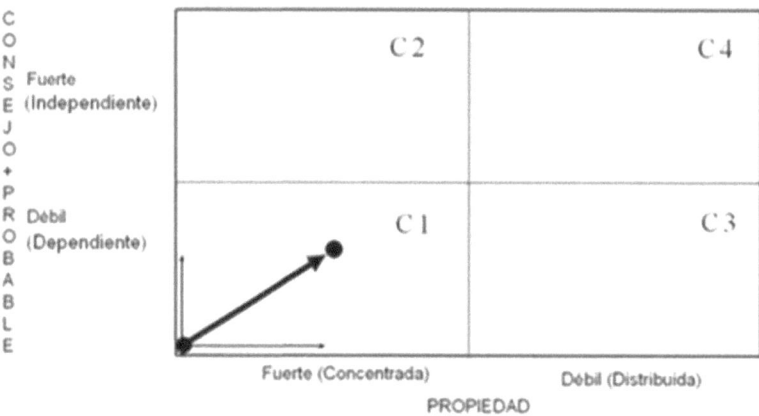

Figura 1 - Matriz Consejo – Propiedad
Fuente: Osvaldo J. Castillo, IBEX-35: Consejos, ética y análisis de riesgo, Amazon, pág. 63

Podemos imaginar distintas combinaciones de propiedad y representación, por ejemplo, cuando una empresa se inicia – emprendimiento–, no tiene consejo de administración y su propiedad se encuentra concentrada en su socio fundador, por lo que tendrá una propiedad fuerte –socio único que toma todas las decisiones–, con un consejo débil o inexistente –nadie que lo controle–. A medida que la empresa crece, si necesita aumentar el capital y cotiza en Bolsa, crece también número de accionistas minoritarios, teniendo éstos menos poder. Esta pérdida de poder debería ser contrarrestada con un número creciente de consejeros independientes en el consejo de administración que los represente, o al menos eso es lo que se espera de la aplicación de los Códigos de ética.

Basándome en el método del análisis de la morfogénesis de la micro-estructura del consejo de administración o ética aplicada en el Consejo (representación en el Consejo del Capital Flotante), detallo en el siguiente capítulo el análisis realizado sobre la probabilidad que una empresa salga del IBEX-35[3] en el período 2013 a julio de 2017.

---

[3] Es el índice compuesto por los 35 valores más líquidos cotizados en el Sistema de Interconexión Bursátil de la Bolsa de España.

Capítulo 4

ANÁLISIS DE LAS SALIDAS DEL IBEX-35 POR CATEGORÍAS

A continuación, se detallan las salidas del IBEX-35 por Categoría de la matriz Consejo – Propiedad en el período 2013-2017 (1er Sem.) y las pérdidas en la cotización en los días previos:

EMP.	MATRIZ				AÑO	PERDIDA %
	C1	C2	C3	C4		
GAMESA				X	2013	8,93
BANKIA		X			2013	40,15
ABENGOA			X		2013	15,3
ACERINOX			X		2013	9,29
ELE	X				2013	7,44
EBRO FOODS	X				2014	4,26
VISCOFAN				X	2014	6,14
ACCIONA		X			2015	5,29
BME			X		2015	8,59
ABENGOA			X		2015	63,24
OHL	X				2016	21,59
SACYR			X		2016	15,72
POPULAR			X		2017	48,02
TOTAL	3	2	6	2		

Fuente: Osvaldo J. Castillo. "IBEX-35: consejos, ética y análisis de riesgo", pág. 154. Amazon. 2017.

a. Probabilidad conjunta de pertenecer a una Categoría y salir del IBEX-35

La probabilidad conjunta es la probabilidad de que se cumplan simultáneamente varios sucesos, en estadística se escribe como P(A ∩ B), en nuestro caso que una empresa pertenezca a una categoría dada y que salga del IBEX-35. El diagrama de Venn (Figura 2) ilustra claramente este concepto para la intersección de las CATEGORÍAS "Ci" con "Salidas del IBEX-35". El hecho de que las elipses se traslapen indica que algunos puntos de la muestra están contenidos tanto en "Ci" como en el conjunto de "Salidas del IBEX-35". El área donde las elipses se traslapan es la intersección: contiene los puntos de la muestra que están tanto en "Ci" como en "Salidas del IBEX-35".

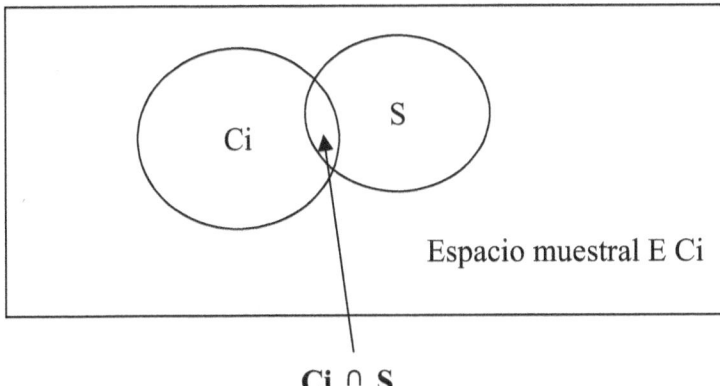

Ci ∩ S

Figura 2 – Diagrama de Venn – Probabilidad conjunta de pertenecer a una Categoría y Salir del IBEX-35.
Fuente: Osvaldo J. Castillo, IBEX-35: Consejos, ética y análisis de riesgo, Amazon, pág. 160

b. Probabilidad condicional de salir del IBEX-35 perteneciendo a una categoría

Ahora bien, supongamos que la empresa pertenece a la Categoría C3, ¿Cuál es la probabilidad que salga del IBEX-35?

C3= Categoría de la empresa
S= La empresa salga del IBEX-35 siendo de C3

Se plantea como: se desea conocer la probabilidad de S si C3, es lo que se llama probabilidad condicional, se expresa matemáticamente como:

$$P(S\backslash Ci) = \frac{P(S \cap Ci)}{P(Ci)}$$

Probabilidades
2013 – 2017 (1er sem.) = 54 meses

Categoría (i)	Ser Categoría i P(Ci)	Conjunta Ci y Si P($C^i \cap$ Si)	Condicional $P(S\backslash Ci)$ -que Salga siendo de Ci- próx. 54 meses
1	0,28	0,02	0,07
2	**0,06**	**0,01**	**0,17**
3	0,28	0,04	0,14
4	0,12	0,01	0,08
5[4]	0,26	0,00	0,00
Total	1,00	0,08	0,08

Tabla de Probabilidades
Fuente: Osvaldo J. Castillo. "IBEX-35: consejos, ética y análisis de riesgo" pág. 163. Amazon. 2017.

De la tabla de probabilidades condicionales se desprende que las empresas que tienen mayor probabilidad de 0,17 de salir del IBEX-35 son aquellas que pertenecen a C2. Curiosamente aquellas que tienen en principio una representación minoritaria excesivamente desproporcional a su capital flotante.

En síntesis, la probabilidad de que una empresa salga del IBEX-35 por mala performance es de:

- 0,07 si pertenece a C1
- **0,17 si pertenece a C2**   ← Máxima probabilidad de salir del IBEX-35
- 0,14 si pertenece a C3
- 0,08 si pertenece a C4
- 0,00 si pertenece a C5

---

[4] La categoría C5 está compuesta por aquellas empresas que tienen capital disperso, mayoría absoluta de consejeros independientes y éstos a su vez, no tienen o solo tienen algunos pocos lazos directos con otros consejos

c. **Análisis del caso DIA – Distribuidora Internacional de Alimentos**

Luego de la crisis en su consejo de administración -puesto de manifiesto en una seguidilla de modificaciones profundas, que llevaron a la renuncia de su Presidente, ver punto e-, y cambios significativos en su capital flotante, la compañía se acercó a una zona de alto riesgo de salida "C2" y por lo tanto grandes pérdidas para sus accionistas minoritarios. En efecto, los acontecimientos se fueron desencadenando de una manera acelerada a partir de julio de 2018, pasando de una cotización de 2,71 euros por acción a un mínimo de 0,33 al 11 de diciembre. En síntesis, la perspectiva del estudio de la morfogénesis de la micro-estructura del consejo de administración y la ética aplicada, resulta ser un enfoque que va probando su eficacia a medida que se suceden los acontecimientos y se van contrastando las predicciones con la realidad.

Graficando el capital flotante en el eje "x" y la proporción de consejeros independientes en el eje "y" para la empresa DIA, Matriz Consejo – Propiedad (Figura 3), podremos analizar el período de estudio. Para ello se utilizó el software SPSS de IBM, con un intervalo de confianza del 95 %.

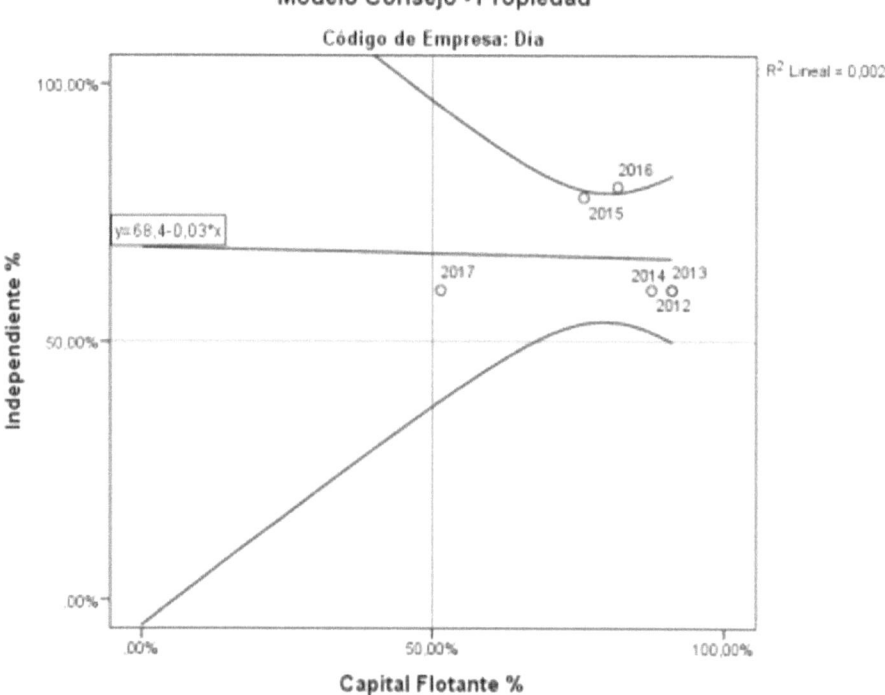

Figura 3 - Matriz Consejo – Propiedad empresa DIA
Fuente: Osvaldo J. Castillo. "IBEX-35: análisis 2018" pág. 95. Amazon. 2018.

Puede apreciarse claramente en la matriz que a finales de 2017 se produce un brusco movimiento que deja el consejo en el borde de C2, coincidente con la mayor probabilidad de salir del IBEX-35 como se analizó en el punto *"b" – Probabilidad condicional de salir del IBEX-35 perteneciendo a una categoría.*

Ante estas evidencias predije en Julio de 2018:

"El movimiento hacia C2 no es una buena señal, se recomienda al minoritario salir".

Osvaldo J. Castillo.
IBEX-35: Análisis 2018". Julio de 2018. Página 58. Amazon

d. Predicción de las pérdidas medias en cotización por salidas del IBEX-35

Utilizando la técnica estadística del análisis de interacciones (AID) –muy útil para encontrar segmentaciones–, con el software DYANE (Santesmases Mestre, 2001), relacioné PÉRDIDAS (los días previos a las salidas) con las CATEGORÍAS a las que pertenecen las empresas que salieron del IBEX-35. Resultando que la CATEGORÍA explica la varianza de las pérdidas en 0,1846 o 18,46 % y que la media de pérdida para los días previos a las salidas desde la Categoría 2 "C2" tiene una estadísticamente una media = 25,7000 %.

Analizando la dinámica de la morfogénesis se observa un movimiento anómalo que realiza la empresa DIA hacia C2 en 2017, un año antes de su salida del IBEX y cuando la empresa cae un 23 % desde el momento que se conoce su salida hasta que se anuncia formalmente.

Cómo puede observarse la precisión del método de la morfogénesis de la micro-estructura del Consejo de Administración, resultó ser asombrosa, primero en detectar anomalías en el seno del mismo que alertaban de la alta probabilidad de salida y luego, en la magnitud de las pérdidas que se producirían en su cotización en el momento que ésta ocurriese.

e. **Hechos relevantes acaecidos en la empresa DIA desde julio de 2017**

- 28-07-2017 el magnate ruso Mikhail Fridman (LetterOne Investment Holdings) pagó 323 millones por un 10% de su capital
- 15-10-2018 dimite la Presidenta de la Compañía Doña Ana María Llopis
- 16-10-2018 suspende de empleo y sueldo de forma indefinida a Amando Sánchez Falcón, director Corporativo de Servicios y Ejecutivo en Portugal, así como máximo responsable de la dirección financiera corporativa de la cadena de supermercados.
- 17-10-2018 A propuesta del accionista LetterOne Investment Holdings, nombrar a D. Sergio Ferreira Días consejero por cooptación (con la calificación de consejero externo dominical) para cubrir una vacante existente.
- 17-10-2018 La Sociedad anunciará próximamente los cambios que se efectuarán en la dirección financiera corporativa.
- 10-12-2018 El periódico especialista Expansión adelanta la noticia de que DIA es excluido del Ibex[5].
- 10-12-2018 Las acciones de DIA se desploman un 8 %
- 11-12-2018 Las acciones de DIA se desploman más de un 15% tras su exclusión del Ibex

---

[5] http://www.expansion.com/mercados/2018/12/10/5c0e9834ca47419f638b4613.html

Capítulo 5

CONCLUSIONES

Analizar la morfogénesis de la micro-estructura del consejo de administración, bajo la perspectiva de la ética aplicada, demostró ser de una asombrosa precisión al permitir detectar, en forma temprana, movimientos anómalos en el seno del Consejo con graves repercusiones futuras. Además, ha quedado demostrada la eficiencia del método estadístico del AID (Detección Automática de Interacciones), en la predicción de las pérdidas los días previos a la salida del IBEX-35, la cual quedó explicada en un 18,46 % por la categoría ética o cuadrante de la matriz Consejo – Propiedad.

El método predijo como más probable la salida de una empresa de la Categoría 2, lo cual también se cumplió –en este caso resultó ser la empresa DIA, cuyo cambio abrupto de categoría fue casi un año antes de que su salida ocurra.

Además, se cumplió la predicción de la pérdida media por salida para las empresas de dicha categoría del 25,7 % - la real fue del 23 %, todo esto un año antes de que suceda. Cómo puede observarse la precisión del método del estudio de la morfogénesis de la micro-estructura del Consejo de Administración, resulta ser asombrosa, primero en detectar anomalías en su seno y luego, en la magnitud de las pérdidas probables en su cotización en el momento que ésta ocurre.

BIBLIOGRAFIA

Cadbury, C. (1992). *The Financial Aspects of Corporate Governance.* United Kingdom.

Castelo Montero, M. (2003). *Diccionario comentado de términos financieros ingleses de uso frecuente.* A Coruña: Fundación una Galicia Moderna.

Castillo, O. J. (2017). *IBEX-35: Consejos, Ética y Análisis de Riesgo.* Madrid: Amazon.

Castillo, O. J. (2018). *IBEX-35: Análisis 2018.* Buenos Aires: Amazon.

CNMV. (2015). *El Gobierno de las Sociedades Cotizadas.* Recuperado el 15 de Julio de 2016, de Comisión Nacional del Mercado de Valores: http://www.cnmv.es/DocPortal/Publicaciones/CodigoGov/govsocot.pdf

Demsetz, H. (1983). The structure of ownership and the theory of the firm. *Journal of Law and Economic, Vol. 26*, 375-390.

Internacional, C. F. (2010). *Guía Práctica de Gobierno Corporativo - Experiencias del Círculo de Empresas de la Mesa Redonda.* Washington: Corporación Financiera Internacional.

Mace, M. L. (1975). *El Directorio Eficiente.* Buenos Aires: El Ateneo.

Mintzberg, H. (1992). *El Poder en la Organización.* Barcelona: Ariel Economía.

Roe, M. J. (2004). *THE INSTITUTIONS OF CORPORATE GOVERNANCE, Discussion Paper No. 488.* Harvard Law School.

Santesmases Mestre, M. (2001). *Diseño y análisis de encuestas en investigación social y de mercados.* Madrid: Pirámide.

Sarbanes, & Oxley. (2002). *PUBLIC LAW 107–204.* Senate and House of Representatives, United States of America.

www.ingramcontent.com/pod-product-compliance
Lightning Source LLC
Chambersburg PA
CBHW031509210526
45463CB00003B/1143